Kaffee und Kuchen

Andreas Neubauer Michael Wissing

Kaffee und Kuchen

Konfekt, Gebäck und Getränke für die Einladung mit Stil

AT Verlag

AT Verlag, Baden und München
Rezepte: Andreas Neubauer
Fotos: Michael Wissing
Lithos: Vogt-Schild Druck, Derendingen
Druck und Bindearbeiten: Druckerei Uhl, Radolfzell
Printed in Germany

ISBN 978-3-03800-333-5

www.at-verlag.ch

Inhaltsverzeichnis

Brownies, Muffins & Co.

Schoko-Brownies mit Äpfeln und Walnüssen

Für 20–25 Stück

2 Äpfel
150 g Zucker
100 g Walnüsse, grob zerkleinert
200 g Zartbitterschokolade, grob zerkleinert
150 g Butter
5 Eier
1 Prise Salz
100 g Crème fraîche
200 g Mehl
1 TL Backpulver
Puderzucker zum Bestäuben

Die Äpfel schälen, entkernen und klein würfeln.
50 g Zucker hellbraun karamellisieren, die Walnüsse und die Apfelwürfel hinzufügen und etwa 2 Minuten unter Rühren braten. Vom Herd nehmen und abkühlen lassen.
Die Schokolade mit der Butter in einer Schüssel über einem heißen Wasserbad schmelzen.
Den Ofen auf 180 Grad vorheizen.
Ein tiefes Backblech (20 x 30 cm) mit Backpapier auslegen.
Die Eier mit dem restlichen Zucker (100 g) und einer Prise Salz schaumig-cremig schlagen. Dann zuerst die Crème fraîche und anschließend die flüssige Schokoladen-Butter-Mischung darunterrühren. Das Mehl mit dem Backpulver mischen und zusammen mit den karamellisierten Apfelstückchen und Walnüssen darunterheben.
Den Teig in das vorbereitete Blech gießen und etwa 30 Minuten im Ofen backen.
Abkühlen lassen, in Quadrate schneiden und mit Puderzucker bestäuben.
Im Kühlschrank aufbewahrt bis eine Woche haltbar.

Micro-Muffins

Für 60 kleine Muffins

70 g fein gemahlene Haselnüsse
280 g Mehl
2 TL Backpulver
1 Ei
100 g Zucker
80 ml Sonnenblumenöl
100 ml Baileys Irish Cream
200 ml Milch
Puderzucker zum Bestäuben

Den Ofen auf 180 Grad vorheizen.
Die Haselnüsse mit Mehl und Backpulver mischen.
Das Ei mit Zucker, Öl, Baileys und Milch verquirlen und nach und nach unter die Mehlmischung rühren.
Den Teig in kleine ausgebutterte Aluförmchen verteilen; dies geht am besten mit einem Spritzsack. Im vorgeheizten Ofen etwa 15 Minuten backen. Herausnehmen, abkühlen lassen und mit Puderzucker bestäuben.
Die Muffins schmecken am besten frisch, halten sich in einer Keksdose aufbewahrt aber etwa 10 Tage.

Tipp:
Legen Sie einen großen frischen Apfelschnitz zu den Muffins in die Dose. So bleiben sie schön mürbe.

Erdnuss-Chocolate-Cookies

Für 25 Stück

125 g Butter, weich
50 g Erdnussbutter, weich
100 g Zucker
1 Ei
120 g Mehl
1 TL Backpulver
50 g geröstete Erdnüsse, grob gehackt
50 g Schokoladenperlen

Den Ofen auf 180 Grad vorheizen.
Die Butter mit Erdnussbutter, Zucker und Ei mischen und glattrühren. Das Mehl mit dem Backpulver mischen, zusammen mit den Erdnüssen und den Schokoladenperlen zur Buttermasse geben und daruntermischen.
Mit einem kleinen Eisportionierer Kugeln vom Teig abstechen und diese in großem Abstand auf ein mit Backpapier belegtes Blech setzen. Im vorgeheizten Ofen etwa 15 Minuten goldbraun backen. Auf einem Kuchengitter abkühlen lassen.
In einer Keksdose aufbewahrt 10 bis 14 Tage haltbar.

Tipp:
Legen Sie einen großen frischen Apfelschnitz zu den Cookies in die Dose. So bleiben sie schön mürbe.

Schoko-Kokos-Muffins

Für 12 Stück

50 g Kokosraspel
250 g Mehl
50 g Zartbitterschokolade, fein gehackt
2 TL Backpulver
2 EL Kakaopulver
1 Ei
100 g Zucker
80 ml Sonnenblumenöl
100 ml Kokoslikör (z.B. Batida de coco)
200 ml Kokosmilch

150 g weiße Schokolade, gehackt
geröstete Kokosflocken zum Bestreuen

Den Ofen auf 180 Grad vorheizen. Die Vertiefungen eines Muffinblechs mit Papierförmchen auslegen.
Kokosraspel mit Mehl, Schokolade, Backpulver und Kakao mischen.
Das Ei mit Zucker, Öl, Likör und Kokosmilch verquirlen und nach und nach unter die Mehlmischung rühren
Die Papierförmchen zu zwei Dritteln mit dem Teig füllen und im vorgeheizten Ofen 20 bis 25 Minuten backen. Abkühlen lassen.
Die weiße Schokolade in einer Schüssel über dem heißen Wasserbad schmelzen. Jeweils etwas flüssige Schokolade auf die Muffins verteilen und mit gerösteten Kokosflocken bestreuen.
Die Muffins schmecken am besten frisch, halten sich in einer Keksdose aufbewahrt aber etwa 4 Tage.

Schoko-Kokos-Muffins

Heidelbeer-Muffins

Für 12 Stück

220 g Mehl
2 TL Backpulver
150 g Zucker
1 TL Zimt
250 g Sauerrahm
50 g Butter, flüssig
abgeriebene Schale von 1 unbehandelten Zitrone
1 Ei
200 g frische Heidelbeeren, verlesen, gewaschen, abgetropft, oder tiefgekühlte Beeren, aufgetaut
Puderzucker zum Bestäuben

Den Ofen auf 180 Grad vorheizen. Papierförmchen in die Vertiefungen eines Muffinblechs setzen.
Das Mehl mit Backpulver, Zucker und Zimt mischen.
Den Sauerrahm mit der flüssigen Butter, Zitronenschale und Ei verquirlen.
Die Mischung zum Mehl gießen und glattrühren.
Den Teig in die Förmchen verteilen, die Heidelbeeren darauf verteilen und die Muffins im vorgeheizten Ofen 20 bis 25 Minuten backen. Am besten lauwarm, mit etwas Puderzucker bestäubt, servieren. Die Muffins schmecken am besten frisch, halten sich im Kühlschrank aufbewahrt aber 3 bis 4 Tage.

Doughnuts

Für 30 Stück

350 g Mehl
1 Päckchen Backpulver
50 g Butter, weich
50 g Zucker
1 Ei
100 ml Milch
ca. ½ l Frittieröl
Zimt, mit Zucker gemischt, zum Wenden

Das Mehl mit dem Backpulver mischen.
Die Butter cremig rühren, dabei langsam den Zucker einrieseln lassen. Zuerst das Ei und die Milch darunterrühren, dann die Mehlmischung hinzufügen und alles zu einem glatten Teig kneten.
Den Teig auf einer mit Mehl bestäubten Arbeitsfläche etwa 1 cm dick ausrollen. Aus dem Teig Kreise mit einem Durchmesser von etwa 6 cm ausstechen. Aus diesen mit einem kleineren Ausstecher in der Mitte jeweils ein Loch ausstechen. Die Teigreste verkneten und zu weiteren Doughnuts verarbeiten.
Die Teigringe portionsweise von beiden Seiten im heißen Frittieröl goldbraun ausbacken. Auf Küchenpapier abtropfen lassen und sofort in Zimtzucker wenden.

Tipp:
Frisch gebacken und noch lauwarm schmecken die Doughnuts am besten.

Heidelbeer-Muffins

Doughnuts (Seite 12)

Schoko-Ingwer-Cookies

Für 30 Stück

200 g Zartbitterschokolade, zerkleinert
100 g Zucker
100 g Butter
1 Ei
175 g Mehl
1 TL Backpulver
50 g kandierter Ingwer, möglichst fein gehackt

Die Schokolade mit dem Zucker und der Butter in einer Schüssel über einem heißen Wasserbad schmelzen. Anschließend das Ei darunterrühren und die Mischung etwas abkühlen lassen.
Den Ofen auf 180 Grad vorheizen.
Das Mehl mit dem Backpulver mischen und zusammen mit dem Ingwer unter die Schokoladenmasse rühren.

Mit einem kleinen Eisportionierer Kugeln vom Teig abstechen und diese in großem Abstand auf ein mit Backpapier belegtes Blech setzen. Im vorgeheizten Ofen 12 bis 14 Minuten backen. Auf einem Kuchengitter abkühlen lassen.
In einer Keksdose aufbewahrt etwa 14 Tage haltbar.

Tipp:
Legen Sie einen großen frischen Apfelschnitz zu den Cookies in die Dose. So bleiben sie schön mürbe.

Gebackene Schokoladen-Kokos-Sandwiches

Für 4 Portionen

100 ml ungesüßte Kokosmilch
50 ml Kokoslikör (z.B. Batida de coco)
250 g Zartbitterschokolade, klein gehackt

8 Scheiben Toastbrot, entrindet
3 Eiweiß, verquirlt
150 g Kokosflocken
ca. 100 g Kokosfett zum Ausbacken
Puderzucker zum Bestäuben

Eine etwa 20 x 20 cm große flache Form mit Folie auskleiden.
Die Kokosmilch zusammen mit dem Kokoslikör aufkochen. Vom Herd ziehen, die gehackte Schokolade nach und nach unter ständigem Rühren dazugeben und schmelzen lassen. Die Schokoladenmischung in die vorbereitete Form gießen und etwa 1 Stunde ins Gefrierfach stellen.
Sobald sie fest ist, die Kokos-Schokolade aus dem Gefrierfach nehmen, in vier gleich große Quadrate schneiden und jedes Stück auf eine Toastbrotscheibe legen. Mit den restlichen Brotscheiben abdecken. Die Sandwiches halbieren.
Die Schokoladen-Sandwiches zuerst durch das verquirlte Eiweiß ziehen, dann in den Kokosflocken panieren. Im heißen Kokosfett von beiden Seiten goldbraun ausbacken.
Auf Küchenpapier abtropfen lassen und mit Puderzucker bestäubt servieren.

Fruchtiges zu Kaffee oder Tee

Süße Mini-Burger mit Früchten

Für 20 Stück

120 g Butter, weich
60 g Puderzucker
1 TL Zimt
1 Prise Salz
1 Ei
120 g Mehl
100 g Aprikosenmarmelade
50 g Sesam
2 Kiwis, geschält, in dünne Scheiben geschnitten
2 Mandarinen, geschält, Filets ausgelöst
2 Pflaumen, in dünne Schnitze geschnitten
6 Scheiben Frischkäse, geviertelt

Den Ofen auf 170 Grad vorheizen. Ein Backblech mit Butterbrotpapier belegen (nicht Backpapier, da sonst die Masse zu sehr ausläuft).
Die Butter mit Puderzucker, ½ Teelöffel Zimt und Salz schaumig schlagen. Das Ei darunterrühren. Dann das gesiebte Mehl darunterheben. Den Teig in einen Spritzbeutel mit großer Lochtülle füllen und im Abstand von etwa 3 cm in Form von Halbkugeln auf das vorbereitete Blech spritzen. Im vorgeheizten Ofen 12 bis 15 Minuten backen. Auf einem Kuchengitter abkühlen lassen.

Die Aprikosenmarmelade mit dem restlichen Zimt aufkochen. Die Hälfte der Gebäckstücke mit der heißen Marmelade dünn bestreichen und mit Sesam bestreuen. Die vorbereiteten Früchte je nach Grösse nochmals halbieren.
Die unglasierten Gebäckstücke mit den Früchten und dem Frischkäse belegen. Die glasierten Gebäckteile als Deckel aufsetzen und kleine Holzspießchen in die Burger stecken.

Fruchtspieße

Für 12 Spieße

2 Kiwis
1 Banane
2 Mandarinen
6 blaue Trauben, gewaschen
6 Himbeeren
12 Mikado-Schokoladen-Gebäckstengel

Kiwis, Banane und Mandarinen schälen und in Stücke schneiden. Die Obststücke abwechselnd mit den Trauben oder Himbeeren auf die Gebäckstengel aufspießen.

Himbeer-Vanille-Tarte

Für 1 Tarte von ca. 21 cm Durchmesser

250 g Blätterteig
300 g getrocknete Hülsenfrüchte zum Blindbacken
¼ l Milch
¼ l Rahm
40 g Vanillepuddingpulver
3 EL Zucker
Mark von 1 Vanilleschote
400 g frische Himbeeren
Puderzucker zum Bestäuben

Den Ofen auf 210 Grad vorheizen.
Den Blätterteig auf einer bemehlten Arbeitsfläche etwa 3 mm dünn ausrollen und in eine gebutterte Tarteform legen. Überstehenden Teig zu einem dicken Rand einrollen. Den Teig mit einer Gabel mehrmals einstechen, mit Backpapier belegen, mit den Hülsenfrüchten beschweren und im Ofen etwa 10 Minuten blind vorbacken. Herausnehmen und etwas abkühlen lassen.
Milch und Rahm mischen. Die Hälfte davon mit dem Puddingpulver verrühren. Die andere Hälfte mit Zucker und Vanillemark aufkochen, das angerührte Puddingpulver dazugießen und das Ganze so lange rühren, bis eine puddingartige Konsistenz entstanden ist. Vom Herd nehmen und auf dem vorgebackenen Teig verteilen. Abkühlen lassen.
Die Himbeeren dicht nebeneinander auf die Puddingschicht setzen und mit Puderzucker bestäuben.

Früchte-Tartes

Für 4 Portionen

250 g Blätterteig
50 g Marzipan
2 EL Obstschnaps
1 Eiweiß
verschiedenes Obst (z.B. Äpfel, Birnen, Pflaumen, Mango, Feigen)
50 g Butter, flüssig
3–4 EL Zucker

Den Blätterteig 3 mm dünn ausrollen, in Rechtecke von etwa 14 x 8 cm schneiden und auf ein mit Backpapier belegtes Blech legen. Den Teig mehrmals mit einer Gabel einstechen.
Den Marzipan mit dem Obstschnaps und dem Eiweiß glattrühren. Die Blätterteigböden gleichmäßig dünn mit der Marzipanmasse bestreichen. Dabei einen etwa 1 cm breiten Rand frei lassen.
Den Ofen auf 200 Grad vorheizen.
Das Obst waschen bzw. schälen und in möglichst feine, etwa 1 bis 2 mm dünne Scheiben schneiden oder hobeln. Die vorbereiteten Blätterteigböden fächerartig mit den Obstscheiben belegen. Mit etwas flüssiger Butter beträufeln und mit Zucker bestreuen. Etwa 12 Minuten im vorgeheizten Ofen backen.
Mit Puderzucker bestäubt servieren.

Knusprige Beerenröllchen

Für 12 Röllchen

250 g Magerquark
1 Päckchen Bourbon-Vanillezucker
abgeriebene Schale von 1 Zitrone
1 Eigelb
2 EL Semmelbrösel
12 Frühlingsrollenblätter
1 Eiweiß
200 g Beeren (z.B. Brombeeren, Himbeeren, Heidelbeeren)
4–5 EL Öl zum Frittieren
Puderzucker zum Bestäuben

Den Quark mit Vanillezucker, Zitronenschale, Eigelb und Semmelbröseln vermischen.
Die Ränder der Frühlingsrollenblätter mit etwas verquirltem Eiweiß bestreichen. Knapp unterhalb der Mitte etwas Quarkcreme länglich auf das Teigblatt geben. Einige Beeren nebeneinander in den Quark drücken und den Teig zu Röllchen aufrollen. Die Enden fest zusammendrücken; die Rollen müssen gut verschlossen sein.
Die Beerenröllchen in einer großen Pfanne im heißen Öl rundherum goldbraun frittieren, auf Küchenpapier abtropfen lassen und mit Puderzucker bestäuben.

Knusprige Beerenröllchen (Seite 24)

Die Hefezopfscheiben dick mit der Basilikumbutter bestreichen und großzügig mit Beeren belegen. Die Erdbeeren dabei je nach Größe halbieren oder vierteln. Mit Puderzucker bestäuben und nach Belieben mit frischen Basilikumblättern garnieren.

Hefezopf mit süßer Basilikumbutter und Waldbeeren

Für 6 Portionen

150 g Butter, weich
50 g Honig
1 Bund Basilikum (ca.50 g), gewaschen, getrocknet, Blätter abgezupft
Saft von 1 Zitrone
50 g Mascarpone
6 dicke Scheiben Hefezopf
250 g gemischte Beeren (z.B. Himbeeren, Brombeeren, Heidelbeeren, Erdbeeren), gewaschen, geputzt
Puderzucker zum Bestäuben
Basilikum als Garnitur

Ein Drittel der Butter zusammen mit dem Honig schmelzen. In den Mixer geben, Basilikumblätter und Zitronensaft hinzufügen und fein pürieren. Das Basilikumpüree mit dem Mascarpone und der restlichen weichen Butter glattrühren.

Brioche mit Schokoladencreme und gebratenen Birnen

Für 4 Portionen

100 ml Rahm
1 Päckchen Bourbon-Vanillezucker
1 TL Rumaroma
75 g Zartbitterschokolade, klein gehackt
100 g Butter, weich
2 reife Birnen
Saft von 1 Zitrone
50 g Butter zum Braten
40 g gehobelte Mandeln
4 dicke Scheiben Brioche oder Hefezopf

Den Rahm mit Vanillezucker und Rumaroma aufkochen, die Schokolade nach und nach darunterrühren und schmelzen lassen. Etwas abkühlen lassen, dann die Butter (100 g) darunterrühren.
Die Birnen schälen, halbieren, entkernen und in Schnitze schneiden, mit Zitronensaft beträufeln. Die Butter in einer Pfanne schmelzen und die Birnenschnitze darin zusammen mit den Mandelblättchen braten.
Die Brioche- oder Hefezopfscheiben großzügig mit der Schokoladencreme bestreichen. Die gebratenen Birnenschnitze mit den Mandelblättchen darauf verteilen.

Fruchtige Croissants mit Ricotta

Für 4 Portionen

250 g Ricotta
2 Päckchen Bourbon-Vanillezucker
Saft von 1 Limette
4 frische Croissants
2 Kiwis, längs halbiert, in Scheiben geschnitten
100 g frische Himbeeren
100 g frische Erdbeeren, halbiert oder geviertelt

Den Ricotta mit Vanillezucker und Limettensaft glattrühren.
Die Croissants aufschneiden und großzügig mit der Ricottacreme bestreichen.
Mit den Kiwischeiben, den Himbeeren und Erdbeeren belegen und mit der oberen Croissanthälfte bedecken.

Erdbeertörtchen

Für 12 kleine Tarteletteförmchen

Teig:
150 g Butter, kalt
150 g Mehl
150 g Puderzucker
100 g gemahlene Haselnüsse
1 Eigelb
abgeriebene Schale von ½ Zitrone
1 Msp. Zimtpulver
1 Prise Salz

Erdbeercreme:
125 ml Milch
125 ml Rahm
20 g Erdbeerpuddingpulver
2 Eigelb
2 Eiweiß
1 Prise Salz
50 g Zucker
400 g frische Erdbeeren, gewaschen, geputzt, in Stücke geschnitten

Puderzucker zum Bestäuben

Alle Zutaten für den Teig mischen und rasch zu einem glatten Teig kneten. Diesen in Folie wickeln und 1 Stunde kalt stellen.
Den Ofen auf 200 Grad vorheizen.
Den Teig auf einer mit Mehl bestäubten Arbeitsfläche etwa 3 mm dünn ausrollen und 12 Teigstücke in der Größe der Förmchen ausschneiden. Die gebutterten und mit Mehl bestäubten Tarteletteförmchen mit dem Teig auslegen; überstehenden Teig wegschneiden. Die Tartelettebóden im Ofen etwa 12 Minuten backen. Auskühlen lassen und vorsichtig aus den Förmchen lösen.
Milch und Rahm mischen. Die Hälfte davon mit dem Erdbeerpuddingpulver und den Eigelben verrühren. Die andere Hälfte der Milch-Rahm-Mischung aufkochen, das angerührte Erdbeerpuddingpulver dazugießen und unter ständigem Rühren etwa 1 Minute kochen lassen. Die Creme in eine Schüssel umfüllen.
Die Eiweiße mit dem Salz zu steifem Schnee schlagen. Dabei den Zucker einrieseln lassen und weiterschlagen. Den Eischnee unter den Erdbeerpudding heben.
Den Backofen auf Grillstufe vorheizen.
Die Erdbeeren auf die gebackenen Tartelettebóden verteilen und mit je einem großzügigen Esslöffel Puddingcreme bedecken.
Die Törtchen unter dem Backofengrill 1 Minute überbacken. Mit Puderzucker bestäuben und am besten lauwarm servieren.

Kleingebäck

Knusper-Zimtstangen

Für 30 Stück

100 g Butter, weich
1 TL Zimt
50 g Puderzucker
3 Eiweiß
1 Prise Salz
50 g Zucker
100 g Mehl

Den Ofen auf 180 Grad vorheizen.
Die Butter mit Zimt und Puderzucker schaumig schlagen.
Die Eiweiße mit dem Salz steif schlagen. Dabei den Zucker einrieseln lassen und weiterschlagen. Den Eischnee abwechselnd mit dem Mehl unter die Buttermasse rühren.
Die Masse mit Hilfe einer rechteckigen Schablone (ca. 6 x 12 cm) gleichmäßig dünn auf ein mit Backpapier belegtes Blech streichen. Im vorgeheizten Ofen so lange backen, bis das Gebäck gleichmäßig goldbraun ist.
Die gebackenen Rechtecke rasch in noch heißem Zustand von beiden Seiten aufrollen, so dass sie aussehen wie echte Zimtstangen. Auskühlen lassen und luftdicht aufbewahren; sie sind etwa 14 Tage haltbar.

Tipps:
Für dieses Gebäck braucht es etwas Übung und rasches Arbeiten, da der Hippenteig sich nur in heißem Zustand aufrollen lässt. Damit das Gebäck möglichst knusprig bleibt, können Sie Blaugel (Kieselgel) aus der Apotheke auf den Boden der Keksdose streuen. Darauf einen Bogen Papier legen, so dass das Gebäck nicht mit den Kristallen in Berührung kommt.

Cantuccini klassisch

Für 50 Stück

300 g Mehl
1 TL Backpulver
50 g geriebene Mandeln
2 Eier
2 Eigelb
150 g Zucker
1 Prise Salz
100 g ganze Mandeln

Mehl, Backpulver und Mandeln mischen, Eier, Eigelbe, Zucker und Salz dazugeben und zu einem glatten Teig kneten. Zuletzt die ganzen Mandeln darunterarbeiten.
Den Teig in 4 gleich große Stücke teilen, diese zu etwa 30 cm langen Rollen formen und 30 Minuten kühl stellen.
Den Ofen auf 200 Grad vorheizen.
Die Teigrollen in genügend großem Abstand zueinander auf ein mit Backpapier belegtes Blech legen und im vorgeheizten Ofen 15 Minuten vorbacken. Auf dem Blech auskühlen lassen, dann mit einem Sägemesser in 1 bis 2 cm dicke Scheiben schneiden und diese weitere 10 Minuten backen.
In einer Keksdose aufbewahrt 3 bis 4 Wochen haltbar.

Schoko-Cantuccini mit Pistazien und Mandeln

Für 50 Stück

300 g Mehl
25 g Kakao
1 TL Backpulver
150 g Zucker
1 Päckchen Bourbon-Vanillezucker
1 Prise Salz
50 g Butter, weich
2 Eier
75 g Pistazien
75 g ganze ungeschälte Mandeln

Alle Zutaten bis auf die Pistazien und die Mandeln zu einem glatten Teig kneten. Zuletzt die Nüsse daruntermischen. Den Teig in Folie wickeln und ½ Stunde in den Kühlschrank legen.
Den Teig in 4 gleich große Stücke teilen, diese zu etwa 30 cm langen Rollen formen und weitere 30 Minuten kühl stellen.
Den Ofen auf 200 Grad vorheizen.
Die Teigrollen in genügend großem Abstand zueinander auf ein mit Backpapier belegtes Blech legen und im vorgeheizten Ofen 15 Minuten vorbacken. Auf dem Blech auskühlen lassen, dann mit einem Sägemesser schräg in Stücke schneiden und diese weitere 8 bis 10 Minuten backen.
Die fertig gebackenen Cantuccini auf einem Kuchengitter abkühlen lassen und mit Puderzucker bestäuben.
In einer Keksdose aufbewahrt 3 bis 4 Wochen haltbar.

Schoko-Cantuccini mit Pistazien und Mandeln

Chili-Zimt-Kipferl

Für 30 Stück

30 g fein geriebene Mandeln
150 g Mehl
40 g Puderzucker
30 g fein geriebene Haselnüsse
1 TL Zimtpulver
½ TL möglichst fein gehackte oder im Cutter gemahlene getrocknete Chilischoten
100 g Butter
1 Eigelb
1 Prise Salz
ca. 75 g Kakaopulver zum Wenden

Die geriebenen Mandeln in einer Pfanne goldbraun rösten. Abkühlen lassen und anschließend mit Mehl, Puderzucker, den geriebenen Haselnüssen, Zimt und Chili mischen. Butter, Eigelb und Salz hinzufügen und zu einem glatten Teig kneten. In Folie wickeln und für 1 Stunde kalt stellen.
Aus dem Teig zuerst etwa 30 Kugeln rollen und diese dann zu Kipferln formen.
Die Kipferl nebeneinander auf ein mit Backpapier belegtes Backblech setzen und nochmals 30 Minuten kalt stellen.
Den Ofen auf 200 Grad vorheizen. Die Kipferl darin etwa 10 Minuten backen. Herausnehmen und vorsichtig im Kakaopulver wenden.
In einer Keksdose aufbewahrt 2 bis 3 Wochen haltbar.

Tipps:
Damit der Chili sich gut im Teig verteilt, ist es wichtig, dass er möglichst fein gehackt oder gemahlen wird. Um die Schärfe nach Wunsch zu dosieren, geben Sie den Chili nach und nach zum Teig und probieren Sie jeweils, ob der Teig die gewünschte Schärfe hat.
Legen Sie einen großen frischen Apfelschnitz zu den fertigen Kipferln in die Dose. So bleiben sie schön mürbe.

Sandteig-Schnecken

Für 50 Stück

175 g Butter
200 g Puderzucker
1 Eigelb
Mark von 1 Vanilleschote
1 Prise Salz
100 ml Rahm
350 g Mehl
flüssige dunkle Schokolade zum Verzieren

Die Butter schaumig schlagen. Dabei nach und nach den Puderzucker hinzufügen. Eigelb, Vanillemark und Salz darunterrühren. Den Rahm handwarm erhitzen und nach und nach in die Buttermasse einrühren. Zuletzt das Mehl darunterheben.
Den Ofen auf 200 Grad vorheizen.
Den Sandteig in einen Spritzbeutel mit kleiner Lochtülle füllen und auf ein mit Backpapier belegtes Blech etwa 50 kleine, runde Schnecken spritzen.
Etwa 10 Minuten im vorgeheizten Ofen backen, herausnehmen und abkühlen lassen.
Die Schnecken nach Belieben mit flüssiger dunkler Schokolade verzieren.

Tipps:
Um den Teig durch eine kleine Lochtülle zu pressen, braucht es etwas Kraft. Leichter geht es mit einer größeren Lochtülle, wodurch sich allerdings auch etwas größere Gebäckstücke ergeben.
Legen Sie einen großen frischen Apfelschnitz zu dem fertigen Gebäck in die Dose. So bleibt es schön mürbe.

Sandteig-Schnecken (Seite 38)

Amarettini

Für 50 Stück

250 g Marzipanrohmasse, klein gewürfelt
½ TL Zimtpulver
200 g Puderzucker
50 g fein geriebene Mandeln
1 Prise Salz
abgeriebene Schale von 1 Zitrone
3 Eiweiß

Den Marzipan mit Zimt, Puderzucker, den geriebenen Mandeln, Salz, Zitronenschale und Eiweiß in eine Schüssel geben. Mit dem Handrührgerät oder in der Küchenmaschine zu einem glatten, zähen Teig rühren.
Den Teig in einen Spritzbeutel mit mittlerer Lochtülle umfüllen und in genügend großem Abstand in kleinen Tupfen auf ein mit Backpapier belegtes Backblech spritzen. Über Nacht bei Zimmertemperatur trocknen lassen.

Am nächsten Tag den Ofen auf 150 Grad vorheizen und die Amarettini darin etwa 15 Minuten backen. Auf einem Kuchengitter abkühlen lassen.
In einer Keksdose 3 bis 4 Wochen haltbar.

Espresso-Amaretti

Für 50 Stück

2 Eiweiß
1 Prise Salz
150 g Zucker
150 g fein geriebene Mandeln
3 TL löslicher Espresso
ca. 4 EL klein gehackte Haselnüsse

Den Ofen auf 150 Grad vorheizen.
Die Eiweiße mit dem Salz zu steifem Schnee schlagen. Dabei langsam den Zucker einrieseln lassen und weiterschlagen. Anschließend die Mandeln und den löslichen Espresso darunterheben.
Die Masse in einen Spritzbeutel mit großer Lochtülle füllen und im Abstand von etwa 2 cm kleine Häufchen auf ein mit Backpapier belegtes Backblech spritzen. Die Amaretti mit den gehackten Haselnüssen bestreuen.
Im vorgeheizten Ofen etwa 20 Minuten backen. Die Amaretti auf einem Kuchengitter auskühlen lassen.
In einer Keksdose 2 bis 3 Wochen haltbar.

Mandeltuiles

Für 40 Stück

100 g Zucker
30 g Mehl
70 g fein geriebene Mandeln
70 ml Orangensaft
geriebene Schale von 1 unbehandelten Orange
50 g Butter

Zucker, Mehl, Mandeln, Orangensaft und -schale zu einem Teig verrühren. Die Butter schmelzen lassen und unter den Teig mischen. Zugedeckt ½ Stunde ruhen lassen.
Den Ofen auf 180 Grad vorheizen.
Den Teig mit Hilfe einer runden Schablone (4–6 cm Durchmesser) gleichmäßig dünn auf ein mit Backpapier belegtes Blech streichen. Im Ofen so lange backen, bis das Gebäck leicht Farbe angenommen hat. Herausnehmen und abkühlen lassen. Dann wieder in den 180 Grad heissen Ofen schieben und fertig backen, bis das Gebäck gleichmäßig goldbraun ist.
Die gebackenen Plätzchen im noch heißen Zustand über ein Rundholz legen und auskühlen lassen.
Luftdicht verschlossen etwa 2 Wochen haltbar.

Shortbread

Für 25 Stück

150 g Butter, weich
100 g Zucker
200 g Mehl
ca. 50 g brauner Zucker

Die Butter mit dem Zucker schaumig schlagen. Dann das Mehl hinzufügen und alles zu einem geschmeidigen Teig kneten. Den Teig zu 3 Rollen von etwa 4 cm Durchmesser formen. Diese im braunen Zucker wenden und anschließend 30 Minuten kühl stellen.
Den Ofen auf 180 Grad vorheizen.
Die Teigrollen mit einem Draht in etwa 1 cm breite Scheiben schneiden und diese nebeneinander auf ein mit Backpapier belegtes Backblech legen. Im vorgeheizten Ofen etwa 10 Minuten backen.
In einer Keksdose 3 bis 4 Wochen haltbar.

Tipp:
Legen Sie einen großen frischen Apfelschnitz zu dem Gebäck in die Dose. So bleibt es schön mürbe.

Löffelkekse

Für 30 Stück

Teig:
150 g Butter, kalt
150 g Mehl
150 g Puderzucker
100 g geriebene Mandeln
1 Eigelb
abgeriebene Schale von ½ Zitrone
1 Msp. Zimtpulver
1 Prise Salz

100 g Zartbitterschokolade, klein gehackt
100 g weiße Schokolade, klein gehackt
2–3 EL Hagelzucker
2–3 EL brauner Kandiszucker

Alle Zutaten für den Teig mischen und rasch zu einem glatten Teig kneten. Diesen in Folie wickeln und 1 Stunde kalt stellen.
Den Ofen auf 180 Grad vorheizen.
Den Teig auf einer mit Mehl bestäubten Arbeitsfläche etwa 3 mm dünn ausrollen. Mit einem Ausstecher in Löffelform oder einer selbst angefertigten Schablone kleine Löffel aus dem Teig ausstechen bzw. -schneiden. Nebeneinander auf ein mit Backpapier belegtes Backblech legen und im vorgeheizten Ofen 10 bis 12 Minuten backen. Auf einem Kuchengitter auskühlen lassen.
Inzwischen die dunkle und die weiße Schokolade getrennt über einem heißen Wasserbad schmelzen.
Die Hälfte der fertig gebackenen Löffelkekse mit der Spitze in die dunkle Schokolade, die andere Hälfte in die weiße Schokolade tauchen und zum Abtropfen wieder auf das Kuchengitter legen. Bevor die Schokolade fest wird, auf die dunkle etwas Hagelzucker und auf die weiße etwas braunen Kandiszucker streuen. Die Schokolade ganz fest werden lassen.
In einer Keksdose 2 bis 3 Wochen haltbar.

Nuss- und Kokoskräcker

Für 16 Stück

4 Frühlingsrollen-Teigblätter
1 Eiweiß
je 2–3 EL Kokosraspel, gehobelte Mandeln, gehackte Pistazien und Haselnüsse
Pflanzenöl zum Ausbacken
Puderzucker zum Bestäuben

Die Frühlingsrollen-Teigblätter auf der Arbeitsfläche auslegen und mit Eiweiß bestreichen.
Ein Teigblatt mit Kokosraspeln, das zweite mit gehackten Pistazien, das dritte mit gehobelten Mandeln und das letzte mit gehackten Haselnüssen gleichmäßig bestreuen.
Öl in einer großen Pfanne erhitzen. Die Teigblätter mit der unbestreuten Seite in das heiße Öl legen und darin goldbraun und knusprig ausbacken. Dies dauert etwa 30 Sekunden. Die gebackenen Teigblätter auf Küchenpapier abtropfen lassen. Jedes Teigblatt in vier Stücke brechen und großzügig mit Puderzucker bestäuben.
Die Kräcker schmecken am besten frisch gebacken.

Mokka-Nuss-Hörnchen

Für 8 Stück

100 g geriebene Haselnüsse
50 ml Rahm
½ TL Zimtpulver
400 g Croissantteig oder ersatzweise Blätterteig

1 Tasse Espresso (ca. 40 ml), kalt
100 g Puderzucker
gehackte Haselnüsse zum Bestreuen

Die Haselnüsse mit Rahm und Zimt glattrühren.
Den Ofen auf 200 Grad vorheizen.
Den Croissantteig in etwa 15 cm lange und 8 cm breite, spitz zulaufende Dreiecke schneiden.
Auf die breite Seite der Teigdreiecke je 2 bis 3 Teelöffel Nussmasse geben und den Teig zu Hörnchen aufrollen. Diese nebeneinander auf ein mit Backpapier belegtes Backblech setzen und im vorgeheizten Ofen etwa 15 Minuten goldbraun backen. Auf einem Kuchengitter abkühlen lassen.
Den Espresso mit dem Puderzucker glattrühren. Die gebackenen Hörnchen damit glasieren und mit gehackten Haselnüssen bestreuen.

Petit fours und Pralinés

Orangen-Chili-Konfekt

Für 40 Stück

75 g Butter, weich
50 g Zucker
125 g Mehl
250 g Kumquats (Zwergorangen), halbiert
1 kleine rote Chilischote, halbiert
½ l Orangensaft
1 Zimtstange
100 g Zucker
8 Blatt Gelatine, kurz in kaltem Wasser eingeweicht
100 g Zartbitterschokolade, gehackt
1 EL (20 g) Kokosfett
ca. 50 g Kokosraspel

Die Butter mit dem Zucker schaumig schlagen. Dann das Mehl hinzufügen und alles zu einem geschmeidigen Teig kneten.
Den Ofen auf 180 Grad vorheizen.
Den Teig in einer gleichmäßigen etwa 5 mm dicken Schicht in ein mit Backpapier belegtes tiefes Blech drücken. Im vorgeheizten Ofen etwa 15 Minuten backen. Vollständig abkühlen lassen.
In der Zwischenzeit Kumquats und Chilischote zusammen mit Orangensaft, Zimtstange und Zucker in einen Topf geben und etwa 20 Minuten bei mittlerer Hitze kochen lassen.
Die Gelatine ausdrücken und im eingekochten Orangensaft auflösen. Diesen durch ein feines Sieb in eine Schüssel passieren.
Den Orangen-Chili-Sirup auf den gebackenen Teigboden gießen und etwa 3 Stunden kühl stellen.
Die Schokolade zusammen mit dem Kokosfett in einer Schüssel über einem heißen Wasserbad schmelzen. Die Glasur gleichmäßig auf die Geleeschicht gießen und glattstreichen. Mit Kokosraspeln bestreuen und die Schokolade fest werden lassen.
Das Ganze mit einem immer wieder in heißes Wasser getauchten Messer in etwa 2 x 2 cm große Quadrate schneiden.
Im Kühlschrank etwa 1 Woche haltbar.

Marzipan-Nougat-Pralinen

Für 30 Stück

400 g Marzipanrohmasse
100 g Puderzucker
abgeriebene Schale von 2 Limetten
Puderzucker zum Ausrollen
150 g Nussnougat, in 5 mm dicke Stangen geschnitten
Saft von ½ Limette zum Bestreichen
ca. 200 g braune Schokoladenglasur
50 g weiße Schokolade, gehackt

Die Marzipanmasse mit dem Puderzucker und der abgeriebenen Limettenschale verkneten. Auf einer mit Puderzucker bestäubten Arbeitsfläche etwa 5 mm dick ausrollen und anschließend in etwa 15 x 5 cm große Rechtecke schneiden.
Auf jedes Marzipan-Rechteck dicht aneinander 2 bis 3 Nougatstangen legen. Rundherum den Marzipan mit wenig Limettensaft bestreichen, dann zu einer gleichmäßig runden Rolle formen.
Die Schokoladenglasur nach Packungsangabe erwärmen und in eine Schüssel umfüllen. Die weiße Schokolade in einer Schüssel über einem heißen Wasserbad schmelzen.
Die Marzipan-Nougat-Rollen auf ein Kuchengitter legen und gleichmäßig mit der braunen Schokoladenglasur überziehen.
Die Glasur fest werden lassen.
Die Rollen in etwa 3 bis 4 cm lange Stücke scheiden und diese mit der geschmolzenen weißen Schokolade verzieren.
Im Kühlschrank etwa 10 Tage haltbar.

Grünteeperlen

Für 40 Stück

2 Stengel Zitronengras
150 ml Rahm
400 g weiße Schokolade, gehackt
2–3 EL Grünteepulver (Maccha; aus dem Asienladen)

Das Zitronengras in Stücke schneiden und diese mit einem schweren Topf oder einer breiten, flachen Messerklinge zerquetschen.
Den Rahm zusammen mit dem Zitronengras aufkochen und abseits vom Herd 20 Minuten ziehen lassen.
In der Zwischenzeit die Schokolade in einer Schüssel über einem heißen Wasserbad schmelzen.
Den aromatisierten Rahm durch ein Sieb in eine Schüssel gießen und die flüssige Schokolade langsam darunterrühren. Die Creme im Kühlschrank auskühlen lassen.
Die erkaltete Creme mit dem Handrührgerät aufschlagen, in einen Spritzbeutel mit großer Lochtülle füllen und in länglichen Strängen auf einen Bogen Papier spritzen.
Wiederum etwa 1 Stunde kalt stellen.
Die Schokoladenstränge in etwa 1 cm kurze Stücke schneiden und zwischen den Händen zu runden Perlen drehen. Zuletzt die Schokoladenperlen im Grünteepulver wenden.
Im Kühlschrank etwa 1 Woche haltbar.

Grünteeperlen (Seite 52)

Die Schokolade in einer Schüssel über einem heißen Wasserbad schmelzen. Zur Müslimischung geben und gründlich verrühren. Die Mischung etwa 2 cm hoch in die vorbereitete Form füllen und 3 Stunden im Kühlschrank fest werden lassen.
Den Block aus der Form nehmen und mit einem Sägemesser in etwa 2 x 2 cm große Würfel schneiden. Die Müsliwürfel etwa ½ cm hoch in die flüssige dunkle Schokolade tauchen und diese fest werden lassen.
Im Kühlschrank etwa 2 Wochen haltbar.

Schoko-Müsli-Würfel

Für 25 Stück

50 g getrocknete Cranberrys (Reformhaus), grob gehackt
50 g Erdnüsse, grob gehackt
50 g Haferflocken
100 g Cornflakes
400 g weiße Schokolade, zerkleinert
75 g dunkle Schokolade, geschmolzen

Eine Form von etwa 10 x 20 cm Größe mit Folie auskleiden.
Cranberrys, Erdnüsse, Haferflocken und Cornflakes in einer Schüssel mischen.

Schoko-Espresso-Konfekt

Für 50 Stück

200 g Vollmilchschokolade, zerkleinert
100 g Zartbitterschokolade, zerkleinert
120 ml Rahm
20 g Zucker
2 TL löslicher Espresso

Die beiden Schokoladesorten in einer Schüssel über einem heißen Wasserbad schmelzen. Den Rahm mit Zucker und Espressopulver aufkochen und unter die geschmolzene Schokolade rühren. Erkalten lassen.
Die erkaltete Creme mit dem Handrührgerät cremig rühren, in einen Spritzbeutel mit großer Sterntülle füllen und in kleine Aluförmchen spritzen. 2 Stunden kalt stellen. Jeweils einen kleinen Spieß in die Creme stecken.
Im Kühlschrank etwa 3 Wochen haltbar.

Crêperöllchen mit Nougatcreme

Für 6 Portionen

Crêpes:
3 Eier
150 g Mehl
¼ l Milch
1 Päckchen Bourbon-Vanillezucker
Bratbutter zum Ausbacken

250 g Nussnougat, klein gewürfelt
50 ml Espresso, frisch zubereitet
Puderzucker zum Bestäuben

Eier, Mehl, Milch und Vanillezucker zu einem glatten Teig verrühren.
In einer großen Pfanne etwas Bratbutter erhitzen und den Teig portionsweise zu 4 bis 6 großen Crêpes ausbacken. Auskühlen lassen.
Den Nougat mit dem heißen Espresso verrühren und darin auflösen.
Jede Crêpe großzügig mit der Nougatcreme bestreichen, einrollen und 30 Minuten in den Kühlschrank legen.
Die Crêperollen schräg in etwa 3 cm lange Stücke schneiden und mit Puderzucker bestäuben.
Die Crêperöllchen schmecken am besten frisch.

Erdbeer-Friandises mit Basilikum-Schokoladencreme

Für 25 Stück

150 g Butter, weich
75 g Puderzucker
1 Eigelb
225 g Mehl

2 Blatt Gelatine, kurz in kaltem Wasser eingeweicht
250 g frische Erdbeeren, geputzt, oder tiefgekühlte Erdbeeren, aufgetaut
300 g weiße Schokolade, zerkleinert
100 ml Rahm
ca. 4 Stengel Basilikum, abgezupfte Blätter
½ TL Vitamin-C-Pulver
eventuell kleine Basilikumblätter als Garnitur

Butter, Puderzucker, Eigelb und Mehl zu einem glatten Teig kneten. Diesen in Folie gewickelt 30 Minuten kühl stellen. Den Ofen auf 200 Grad vorheizen.
Den Teig auf einer mit Mehl bestäubten Arbeitsfläche etwa 2 mm dünn ausrollen Mit einem Ausstecher etwa 5 cm große Kreise ausstechen. Diese in die Vertiefungen eines Muffinblechs oder in kleine Tarteletteförmchen legen und im Ofen etwa 8 Minuten backen. Auskühlen lassen.
Die Erdbeeren in einen Topf geben, aufkochen lassen, dann durch ein feines Sieb in eine Schüssel passieren. Die ausgedrückte Gelatine darin auflösen. Abkühlen lassen.
Die Schokolade in einer Schüssel über einem heißen Wasserbad schmelzen. Die gebackenen Mürbeteigböden mit etwas flüssiger Schokolade ausstreichen und diese fest werden lassen. Dann die Erdbeersauce hineinfüllen und 1 Stunde im Kühlschrank fest werden lassen.
Den Rahm erhitzen und mit den Basilikumblättern und dem Vitamin-C-Pulver im Mixer fein pürieren. In eine Schüssel umfüllen, die restliche flüssige Schokolade langsam darunterrühren und die Creme im Kühlschrank auskühlen lassen.
Die erkaltete Creme mit dem Handrührgerät aufschlagen, in einen Spritzbeutel mit großer Lochtülle füllen, auf die gelierte Erdbeerfüllung spritzen und nach Belieben mit kleinen Basilikumblättern garnieren.
Die Friandises schmecken am besten frisch.

Tipp:
Das Vitamin-C-Pulver gibt der süßen Schokoladencreme eine erfrischend säuerliche Note und bewirkt zudem, dass die frische grüne Farbe des Basilikums länger erhalten bleibt.

Erdbeer- und Passionsfrucht-Friandises (Seite 60)

Passionsfrucht-Friandises mit weißer Schokoladencreme

Für 25 Stück

150 g Butter, weich
75 g Puderzucker
1 Eigelb
225 g Mehl

2 Blatt Gelatine, kurz in kaltem Wasser eingeweicht
200 ml Passionsfruchtsaft (Maracujasaft)
300 g weiße Schokolade, zerkleinert
100 ml Rahm
Schokoraspel als Garnitur

Butter, Puderzucker, Eigelb und Mehl zu einem glatten Teig kneten. Diesen in Folie gewickelt 30 Minuten kühl stellen.
Den Ofen auf 200 Grad vorheizen.
Den Teig auf einer mit Mehl bestäubten Arbeitsfläche etwa 2 mm dünn ausrollen. Mit einem Ausstecher etwa 5 cm große Kreise ausstechen. Diese in die Vertiefungen eines Muffinblechs oder in kleine Tarteletteförmchen legen und im Ofen etwa 8 Minuten backen. Auskühlen lassen.
Ein Drittel des Passionsfruchtsafts erhitzen, die Gelatine ausdrücken und darin auflösen. Den restlichen Saft hinzufügen und gut verrühren.
Die Schokolade in einer Schüssel über einem heißen Wasserbad schmelzen. Die gebackenen Mürbeteigböden mit etwas flüssiger Schokolade ausstreichen und diese fest werden lassen. Dann den Passionsfruchtsaft hineinfüllen und 1 Stunde im Kühlschrank fest werden lassen.
Den Rahm erhitzen, die restliche flüssige Schokolade langsam darunterrühren. Die Creme im Kühlschrank auskühlen lassen.
Die erkaltete Creme mit dem Handrührgerät aufschlagen, in einen Spritzbeutel mit großer Sterntülle füllen, auf die gelierte Passionsfruchtfüllung spritzen und nach Belieben mit Schokoraspeln garnieren.
Die Friandises schmecken am besten frisch.

Marzipan-Dreispitze mit Aprikosen-Rosmarin-Füllung

Für 20 Stück

Füllung:
200 g getrocknete Aprikosen, möglichst fein gewürfelt
1 Rosmarinzweig, Blätter fein gehackt
30 g Butter
2 EL Zucker
Saft von ½ Zitrone

300 g fertig ausgerollte Marzipanmasse
30 g fein gemahlene Pistazien

Die Aprikosen mit dem Rosmarin in der erhitzten Butter andünsten. Mit dem Zucker bestreuen und diesen leicht karamellisieren lassen. Das Ganze mit dem Zitronensaft ablöschen, vom Herd ziehen und abkühlen lassen.
Aus dem ausgerollten Marzipan mit einem runden Ausstecher Kreise von etwa 4 bis 5 cm Durchmesser ausstechen. Jeweils etwas Aprikosenfüllung in die Mitte daraufsetzen und den Marzipanboden von drei Seiten nach oben zu einem Dreispitz zusammen drücken. Die Oberfläche mit etwas Wasser bepinseln und mit fein gemahlenen Pistazien bestreuen.
Im Kühlschrank etwa 1 Woche haltbar.

Marzipan-Dreispitze mit Aprikosen-Rosmarin-Füllung

Mokkaküsschen

Für 30 Stück

Baiser:
4 Eiweiß
1 TL Weißweinessig
120 g Zucker

75 g Vollmilchschokolade, zerkleinert
150 g Zartbitterschokolade, zerkleinert
100 ml Rahm
2 TL löslicher Espresso

Den Ofen auf 120 Grad vorheizen.
Die Eiweiße mit einem Spritzer Essig steif schlagen. Dabei langsam den Zucker einrieseln lassen und weiterschlagen, bis eine dicke, cremige Masse entstanden ist.
Die Baisermasse in einen Spritzbeutel mit großer Lochtülle füllen und in kleinen Tupfen auf ein mit Backpapier belegtes Blech spritzen. Im vorgeheizten Ofen etwa 45 Minuten backen. Abkühlen lassen.
Inzwischen die beiden Schokoladesorten zusammen in einer Schüssel über einem heißen Wasserbad schmelzen. Den Rahm mit dem löslichen Espresso aufkochen und unter die geschmolzene Schokolade rühren. Erkalten lassen.
Die erkaltete Creme mit dem Handrührgerät cremig rühren, in einen Spritzbeutel mit kleiner Lochtülle füllen und in kleinen Tupfen auf die Unterseite der Hälfte der Baisers spritzen. Diese mit den restlichen Baisers zusammensetzen und leicht festdrücken.
Die Mokkaküsschen in einer luftdicht verschließbaren Dose aufbewahren; sie sind etwa 10 Tage haltbar.

Tipp:
Der Essig in der Baisermasse bewirkt, dass das Eiweiß beim Aufschlagen eine schöne steife Konsistenz erhält, die für das Gelingen der Baisers entscheidend ist.

Kuchen, Rouladen und Torten

Tiramisu-Roulade

Für 6 Portionen

Biskuit:
4 Eier
4 EL Zucker
1 Prise Salz
3 EL Mehl
3 EL Speisestärke
Puderzucker

Füllung:
4 Eigelb
100 g Puderzucker
3 Blatt Gelatine, kurz in kaltem Wasser eingeweicht
500 g Mascarpone
50 ml Espresso, kalt
50 ml Amaretto
Kakao zum Bestäuben
Schokoraspel als Garnitur

Den Ofen auf 200 Grad vorheizen.
Für den Teig die Eier trennen. Die Eigelbe mit der Hälfte des Zuckers schaumig schlagen. Die Eiweiße mit dem restlichen Zucker und einer Prise Salz zu steifem Schnee schlagen. Mehl und Stärke mischen und zum schaumig geschlagenen Eigelb sieben. Ein Drittel des Eischnees hinzufügen und alles glatt rühren. Den restlichen Eischnee behutsam darunterheben.
Die Biskuitmasse etwa 2 cm dick auf ein mit Backpapier belegtes Backblech streichen und im Ofen rund 10 Minuten goldbraun backen. Den Biskuit auf ein mit Puderzucker bestäubtes sauberes Tuch stürzen (damit er nicht austrocknet, mit dem Backpapier bedeckt lassen).

Für die Füllung die Eigelbe mit dem Puderzucker in einer Schüssel über einem heißen Wasserbad schaumig schlagen.
Die Gelatine ausdrücken und im Eigelbschaum auflösen. Den Mascarpone hinzufügen, die Schüssel in Eiswasser setzen und die Masse so lange schlagen, bis eine cremige Konsistenz erreicht ist.
Das Backpapier vorsichtig vom Biskuit abziehen.
Den Espresso mit dem Amaretto mischen und den Teig gleichmäßig damit tränken.
Die Mascarponecreme darauf streichen.
Den Biskuit aufrollen und 1 Stunde kühl stellen. Die Roulade mit Kakao bestäuben und nach Belieben mit Schokoraspeln garnieren.
Im Kühlschrank 3 bis 4 Tage haltbar.

Schoko-Rum-Torte mit Beeren

Für eine quadratische Form von ca. 20 x 20 cm

75 g Zartbitterschokolade, zerkleinert
80 g Butter
6 Eier
100 g Zucker
2 EL geriebene Haselnüsse
1 Prise Salz
100 g Mehl

50 ml Wasser
100 g Puderzucker
80 ml Rum
200 ml Rahm
Mark von 1 Vanilleschote
½ TL Zimtpulver
300 g gemischte frische Beeren
(z.B. Himbeeren, Heidelbeeren, Johannisbeeren), gewaschen
Puderzucker zum Bestäuben

Den Ofen auf 180 Grad vorheizen.
Die Schokolade mit der Butter in einer Schüssel über einem heißen Wasserbad schmelzen.
Die Eier trennen. Die Eigelbe mit zwei Drittel des Zuckers und den geriebenen Nüssen schaumig schlagen. Die Eiweiße mit einer Prise Salz zu steifem Schnee schlagen. Dabei langsam den restlichen Zucker einrieseln lassen. Die Schokoladen-Butter-Mischung langsam unter die schaumige Eigelbmasse mischen, dann das Mehl darunterrühren und zum Schluss den Eischnee behutsam darunterheben.
Den Teig in die ausgefettete Backform füllen und im vorgeheizten Ofen etwa 40 Minuten backen. Vollständig auskühlen lassen.

Inzwischen das Wasser mit dem Puderzucker aufkochen, dann den Rum darunterrühren.
Den Rahm mit Vanillemark und Zimt zu einer cremigen halbsteifen Konsistenz schlagen.
Den ausgekühlten Schokoladenkuchen aus der Form lösen und einmal quer durchschneiden. Die Schnittflächen mit dem Rumsirup tränken, mit dem Rahm bestreichen und mit den Beeren belegen. Die Lagen aufeinandersetzen und die Torte mit Puderzucker bestäuben.
Die Torte wegen der Beerenfüllung möglichst frisch verzehren.

Tipps:
Anstelle von echtem Rum kann man auch Rumaroma verwenden.
Die frischen Beeren können auch durch aufgetaute tiefgekühlte Beeren ersetzt werden.

Pistazienkuchen

250 g Butter, weich
200 g Zucker
4 Eier
250 g Mehl
1 EL Backpulver
50 g fein gemahlene Pistazien

1 EL löslicher Kaffee
2 EL Milch, heiss
3 EL Kakao
150 g Zartbitterschokolade, klein gehackt
1–2 EL Kokosfett
gehackte Pistazien zum Bestreuen

Den Ofen auf 180 Grad vorheizen. Eine Rehrückenform gut ausfetten.
Die Butter mit Zucker, Eiern, Mehl und Backpulver in einer Schüssel gründlich verrühren.
5 Esslöffel Teig abnehmen und mit den Pistazien mischen, beiseite stellen.
Den restlichen Teig in zwei Portionen teilen.
Den Kaffee in der heißen Milch auflösen und mit dem Kakao unter die eine Teighälfte rühren. Diesen (dunklen) Teig in die vorbereitete Form füllen und glattstreichen. In der Mitte eine längliche Mulde formen und die 5 Esslöffel Pistazienteig gleichmäßig darin verteilen. Den restlichen hellen Teig daraufgeben und glattstreichen.
Den Kuchen im vorgeheizten Ofen 30 Minuten backen. Abkühlen lassen.
Die Schokolade mit dem Kokosfett in einer Schüssel über einem heißen Wasserbad schmelzen. Den Kuchen mit der Glasur begießen und mit gehackten Pistazien bestreuen.
Luftdicht verpackt und kühl aufbewahrt 6 bis 8 Tage haltbar.

Kokos-Cheesecake mit Passionsfruchtglasur

Für 12 Portionen

300 g fertig gekauftes Mürbeteiggebäck, zerkrümelt
100 g Butter
850 g Rahmquark
3 EL Kokoslikör (z.B. Batida de coco)
50 g Kokospulver (aus dem Asienladen)
200 g Zucker
50 g Mehl
4 Eier
2 Eigelb

2 Passionsfrüchte, halbiert, ausgekratztes Mark
150 ml Passionsfruchtsaft (Maracujasaft)
2 Blatt Gelatine, kurz in kaltem Wasser eingeweicht

Das zerkrümelte Mürbeteiggebäck mit der Butter vermischen. Den Boden einer Springform (ca. 20 cm Durchmesser) mit Backpapier belegen, die Bröselmischung gleichmäßig darauf verteilen und festdrücken.

Den Ofen auf 160 Grad vorheizen.
Den Quark mit Kokoslikör, Kokospulver, Zucker und dem gesiebten Mehl vermischen, dann nach und nach die Eier und zum Schluss die Eigelbe darunterrühren. Die Quarkmasse auf den Bröselboden in die Form geben und etwa 45 Minuten im vorgeheizten Ofen backen. Herausnehmen und etwas abkühlen lassen.
Das Passionsfruchtmark mit dem Saft erhitzen. Die ausgedrückte Gelatine in der heißen Flüssigkeit auflösen und abkühlen lassen. Die Glasur auf den Käsekuchen gießen, gleichmäßig verteilen und den Kuchen 2 Stunden kühl stellen.
Am besten schmeckt der Kuchen frisch.
Kühl aufbewahrt 3 bis 4 Tage haltbar.

Mohnstreuselkuchen

Für 1 Blech von ca. 30 x 40 cm

Hefeteig:
75 ml Milch, lauwarm
30 g Zucker
330 g Mehl
15 g Hefe
50 g Butter
1 Prise Salz
1 Ei
2 Eigelb

Streusel:
150 g Mehl
75 g Zucker
75 g Butter, kalt
1 Eigelb
1 TL Zimt

Mohncreme:
½ l Milch
2 Eigelb
40 g Vanillecremepulver
150 g Zucker
500 g Mohnfix (ersatzweise 100 g gemahlene Mohnsamen)
100 g Magerquark

Die Milch mit 1 Esslöffel Zucker, 30 g Mehl und der Hefe glattrühren und zugedeckt an einem warmen Ort auf das doppelte Volumen aufgehen lassen.
Den aufgegangenen Vorteig mit dem restlichen Mehl, der Butter, dem restlichen Zucker sowie Salz, Ei und Eigelben zu einem glatten, geschmeidigen Teig kneten. Diesen zugedeckt an einem warmen Ort auf das dreifache Volumen aufgehen lassen.
In der Zwischenzeit die Zutaten für die Streusel miteinander verreiben.
Den Hefeteig auf einer bemehlten Arbeitsfläche durchkneten und in der Größe des Backblechs ausrollen. Ein gut gefettetes Blech mit dem Teig belegen und nochmals etwas gehen lassen.
Den Ofen auf 180 Grad vorheizen.
Für die Creme ein Drittel der Milch mit den Eigelben und dem Vanillecremepulver verrühren. Die restliche Milch mit dem Zucker aufkochen, die angerührte Puddingmischung dazugießen und unter ständigem Rühren etwa 1 Minute durchkochen. Die Creme etwas abkühlen lassen, dann mit Mohnfix und Quark verrühren und gleichmäßig dick auf den Hefeteig streichen.
Die Streusel daraufstreuen und den Kuchen im vorgeheizten Ofen etwa 30 Minuten backen.
Der Kuchen schmeckt am besten frisch. Kühl aufbewahrt 3 bis 4 Tage haltbar.

Schokoladentorte tricolore

Für 1 Torte von ca. 21 cm Durchmesser
(12 Portionen)

75 g Butter, weich
50 g Puderzucker
100 g Mehl

Dunkle Mousse:
100 g Zartbitterschokolade, zerkleinert
1 Ei
200 ml Rahm, geschlagen

Vollmilchschokoladen-Mousse:
100 g Vollmilchschokolade, zerkleinert
1 Ei
2 Blatt Gelatine, in kaltem Wasser eingeweicht
200 ml Rahm, geschlagen

Weiße Mousse:
150 g weiße Schokolade, zerkleinert
2 Eigelb
3 Blatt Gelatine, in kaltem Wasser eingeweicht
¼ l Rahm, geschlagen

Glasur:
200 ml Orangensaft
2 Blatt Gelatine, in kaltem Wasser eingeweicht
Saft von 1 Zitrone
frische Himbeeren als Garnitur

Butter, Puderzucker, Eigelb und Mehl zu einem glatten Teig kneten. Diesen in Folie gewickelt 30 Minuten kühl stellen. Anschließend auf einer bemehlten Arbeitsfläche etwa 5 mm dünn ausrollen. Mit dem Tortenring rund ausstechen, samt dem Ring auf ein mit Backpapier belegtes Blech geben und im 180 Grad heißen Ofen etwa 10 Minuten goldbraun backen. Auskühlen lassen; den Tortenring nicht entfernen.
Für die dunkle Mousse die Zartbitterschokolade in einer Schüssel über einem heißen Wasserbad schmelzen. Das Ei mit 2 Esslöffeln Wasser in einer zweiten Schüssel über einem heißen Wasserbad schaumig aufschlagen. Die geschmolzene Schokolade darunterrühren. Die Schüssel vom Wasserbad nehmen und den geschlagenen Rahm darunterheben. Die dunkle Mousse auf den gebackenen Boden im Tortenring gießen und 20 Minuten kühl stellen.
In der Zwischenzeit die Vollmilchschokoladen-Mousse herstellen. Die Schokolade in einer Schüssel über einem heißen Wasserbad schmelzen. Das Ei mit 2 Esslöffeln Wasser in einer zweiten Schüssel über einem heißen Wasserbad schaumig aufschlagen. Die Gelatine ausdrücken und im warmen Eischaum auflösen. Die geschmolzene Vollmilchschokolade darunterrühren. Die Schüssel vom Wasserbad nehmen und den geschlagenen Rahm darunterheben. Die Vollmilchschokoladen-Mousse auf die dunkle Mousse gießen und weitere 20 Minuten kühl stellen.
Währenddessen die weiße Mousse zubereiten. Die weiße Schokolade in einer Schüssel über einem heißen Wasserbad schmelzen. Die Eigelbe mit 2 Esslöffeln Wasser in einer zweiten Schüssel über einem heißen Wasserbad schaumig aufschlagen. Die Gelatine ausdrücken und im warmen Eischaum auflösen. Die geschmolzene Schokolade darunterrühren. Die Schüssel vom Wasserbad nehmen und den geschlagenen Rahm darunterheben. Die weiße Mousse gleichmäßig auf die Schokoladenmousse verteilen und weitere 20 Minuten kalt stellen.
Für die Glasur ein Viertel des Orangensafts erwärmen, die Gelatine ausdrücken und darin auflösen. Den restlichen Orangen- und den Zitronensaft dazugießen, verrühren und mit einem Löffel gleichmäßig auf die weiße Schokoladenmousse verteilen. Die Torte 2 Stunden kühl stellen.
Den Tortenring mit einem Messer rundherum lösen und abziehen. Die Torte nach Belieben mit frischen Himbeeren verzieren. Kühl aufbewahrt etwa 1 Woche haltbar.

Tipp:
Die dunkle Schokoladenmousse sollte auch ohne Gelatine genügend Stabilität haben. Um sicherzugehen, können Sie aber ein Blatt Gelatine, kalt eingeweicht und ausgedrückt, beigeben.

Bienenstichtorte

Für 12 Portionenstücke

Teig:
400 g Mehl
½ Würfel Hefe (ca. 20 g)
230 ml Milch, lauwarm
50 g Zucker
1 Ei
100 g Butter
1 Prise Salz

Belag:
75 g Butter
50 g Zucker
50 g flüssiger Honig
2 EL Rahm
100 g Mandelblättchen

Füllung:
1 Päckchen Vanillepuddingpulver
½ l Milch
50 g Puderzucker
1 Vanilleschote, ausgekratztes Mark
200 g Butter, weich

Das Mehl in eine Schüssel geben. In die Mitte eine Mulde drücken, die Hefe hineinbröckeln und mit einer Gabel mit 50 ml lauwarmer Milch 1 Esslöffel Zucker und etwas Mehl vom Rand verrühren. Zugedeckt an einem warmen Ort etwa 20 Minuten gehen lassen.
Den Vorteig mit dem restlichen Zucker, dem Ei, der Butter, der restlichen Milch, 1 Prise Salz und dem Mehl zu einem glatten Teig kneten. Zugedeckt weitere 30 Minuten ruhen lassen.
Den Ofen auf 175 Grad vorheizen. Eine Springform von 24 cm Durchmesser gut einfetten.

Für den Belag die Butter mit Zucker, Honig und Rahm aufkochen, die Mandelblättchen darunterheben. Abkühlen lassen.
Den Teig rund ausrollen, in die gefettete Form geben. Mit einer Gabel mehrmals einstechen. Den abgekühlten Mandelbelag daraufstreichen und im vorgeheizten Ofen 30 bis 35 Minuten backen (falls nötig mit Alufolie abdecken). Den Kuchen aus der Form nehmen und abkühlen lassen. Einmal quer durchschneiden.
Für die Füllung den Vanillepudding nach Packungsangabe mit Milch, Puderzucker, dem Vanillemark und der Vanilleschote zubereiten. Die Schote nach dem Kochen entfernen. Die Butter darunterrühren und die Puddingcreme etwas auskühlen lassen. Dann auf den Kuchenboden streichen, die obere Platte darauflegen und die Torte 3 bis 4 Stunden kalt stellen.
Kühl aufbewahrt etwa 1 Woche haltbar.

Donauwelle

Für 20 Stück

Teig:
250 g Butter, weich
250 g Zucker
4 Eier
450 g Mehl
1 Päckchen Backpulver
1 Prise Salz
1 Päckchen Bourbon-Vanillezucker
5 TL Kakaopulver
2 Gläser Sauerkirschen (350 g Abtropfgewicht), gut abgetropft

Creme:
1 Päckchen Rahmpuddingpulver (Menge für ½ l Milch)
200 g Butter, weich
1 Päckchen Bourbon-Vanillezucker
50 g Puderzucker

Glasur:
100 g Vollmilchschokolade, zerkleinert
100 g Zartbitterschokolade, zerkleinert
1–2 EL Kokosfett

Den Ofen auf 175 Grad vorheizen.
Die Butter mit dem Zucker schaumig schlagen. Nach und nach die Eier darunterrühren. Das Mehl mit Backpulver, Salz und Vanillezucker vermischen und unter die Buttermasse rühren. Die Hälfte des Teigs in einem mit Backpapier belegten tiefen Backblech ausstreichen. Die andere Hälfte mit dem Kakao mischen und auf den hellen Teigboden streichen.
Die Schattenmorellen gleichmäßig auf dem Teig verteilen. Im vorgeheizten Ofen 25 bis 30 Minuten backen. Abkühlen lassen.
Inzwischen für die Creme das Puddingpulver nach Packungsangabe zubereiten, leicht abkühlen lassen. Butter, Vanillezucker und Puderzucker unter die Puddingcreme rühren. Die Creme auf den abgekühlten Teig verteilen und 2 Stunden im Kühlschrank fest werden lassen.
Für die Glasur die Schokolade mit dem Kokosfett in einer Schüssel über dem heißen Wasserbad schmelzen lassen. Die Glasur vorsichtig auf dem Kuchen verteilen, etwas trocknen lassen und dann mit einem Backkamm ein Wellenmuster anbringen.
Die Ränder zurechtschneiden und den Kuchen in Stücke teilen.
Kühl aufbewahrt etwa 1 Woche haltbar.

Kaffee- und Teespezialitäten

Tee-Cocktail

Für 4 Gläser

3 Beutel Hibiskustee
80 ml Grenadinesirup
200 ml Orangensaft
100 ml Passionsfruchtsaft (Maracujasaft)
8 cl Tequila

Den Hibiskustee mit 300 ml kochendem Wasser überbrühen und 5 Minuten ziehen lassen.
Die Teebeutel entfernen, den Grenadinesirup unter den Tee rühren. Die Mischung in Eiswürfelbehälter gießen und im Tiefkühlfach gefrieren lassen.
Die gefrorenen Tee-Eiswürfel aus der Form lösen und in vier Cocktailgläser verteilen.
Den Orangen- und den Passionsfruchtsaft mit Tequila mischen und über die Tee-Eiswürfel in die Gläser gießen.

Scharfer Zitronentee

Für 4 Tassen

2 rote Chilischoten, längs halbiert
1 Zitrone, in Scheiben geschnitten
40 g frischer Ingwer, ungeschält in Scheiben geschnitten
4 TL Schwarztee (Earl Grey)
½ l Wasser
4–8 TL brauner Kandiszucker

Chili, Ingwer und Zitrone in vier Teetassen verteilen.
Den Schwarztee in eine Kanne geben, mit sprudelnd kochendem Wasser aufgießen und 3 bis 5 Minuten ziehen lassen. Den Tee durch einen Teefilter in die 4 Tassen gießen und mit 1 bis 2 Teelöffeln Kandiszucker pro Tasse servieren.

Teepunsch

Für 4 Tassen

1 unbehandelte Orange, gut gewaschen
2 Zimtstangen
1 Vanilleschote, aufgeschlitzt
3 Sternanis
4 Kardamomkapseln
3 Beutel Hagebuttentee
2–3 EL Rum
Kandiszucker nach Belieben

Von der Orange die Schale mit einem Sparschäler abschälen. Die Frucht halbieren und den Saft auspressen.
Die Gewürze mit dem Orangensaft und der -schale sowie den Teebeuteln in eine Kanne geben und mit 400 ml kochendem Wasser überbrühen. 5 Minuten ziehen lassen.
Den Punsch mit Rum und Kandiszucker abschmecken, durch ein Sieb gießen und in vier Tassen verteilen.

Geeister Mokka

Für 6–8 Portionen

125 ml Milch
125 ml Rahm
25 g löslicher Espresso
4 Eier
1 Prise Salz
100 g Zucker
200 ml Rahm, geschlagen
halbsteif geschlagener Rahm als Garnitur
zerbröselte Amaretti zum Bestreuen

Die Milch mit dem Rahm und dem löslichen Espresso aufkochen, dann vom Herd nehmen und etwa 10 Minuten ziehen lassen.
Die Eier trennen. Die Eigelbe mit der Espresso-Rahm-Milch in einer Schüssel verrühren und über einem heißen Wasserbad cremig-dick aufschlagen. Anschließend vom Wasserbad nehmen und in Eiswasser kalt schlagen.
Die Eiweiße mit einer Prise Salz zu steifem Schnee schlagen. Dabei den Zucker langsam einrieseln lassen.
Den geschlagenen Rahm und den Eischnee behutsam unter die kalte Mokkacreme heben. Diese in 6 bis 8 Espressotassen verteilen und etwa 3 Stunden in das Gefrierfach stellen.
Den geeisten Mokka mit etwas halbsteif geschlagenem Rahm garnieren und mit zerbröselten Amaretti bestreut servieren.

Kaffee mit Marshmallows

Für 4–6 Portionen

80 ml Wasser
200 g Zucker
4 Blatt Gelatine, kurz in kaltem Wasser eingeweicht
3 EL Kirschsirup
2 Eiweiß
1 Prise Salz
100 g Puderzucker
Öl zum Auspinseln und Puderzucker zum Ausstreuen der Form

Eine flache Form (ca. 15 x 25 cm) einölen und mit 2 Esslöffeln Puderzucker ausstreuen.
Das Wasser mit dem Zucker in einem Topf unter gelegentlichem Rühren etwa 20 Minuten bei geringer Hitze köcheln lassen. Die Gelatine ausdrücken und im Zuckersirup auflösen. Den Kirschsirup darunterrühren.
Die Eiweiße mit einer Prise Salz steif schlagen. Dann den Sirup in feinem Strahl mit einem Schneebesen unter den Eischnee ziehen. Die rosafarbene Eischneemasse etwa 2 cm hoch in die vorbereitete Form füllen, 2 Stunden kühl stellen und fest werden lassen.
Die fest gewordene Masse auf ein Brett stürzen und mit einer in Öl getauchten Ausstechform daraus Herzen ausstechen. Diese in Puderzucker wenden und auf einem Kuchengitter kurz trocknen lassen.
Heißen Kaffee in Tassen gießen, die Marshmallows daraufsetzen und servieren.
Die Marshmallows sind kühl aufbewahrt 2 bis 3 Tage haltbar.

Caribbean Cappuccino

Für 1 Glas

2 Tassen Espresso, kalt
1 Kugel Schokoladeneis
3 cl brauner Rum
2 cl Crème de Cacao
Eiswürfel
10 cl Milch

Den Espresso mit Eiscreme, Rum und Crème de Cacao mixen und mit Eiswürfeln in ein Cocktailglas füllen.
Die Milch erwärmen, mit einem Milchschäumer oder dem Pürierstab schaumig aufmixen und den Schaum löffelweise auf den kalten Kaffee-Cocktail geben.

Kaffee-Crème-brûlée

Für 4 Portionen

¼ l Milch
¼ l Rahm
20 g lösliches Kaffeepulver
100 g Zucker
1–2 EL Rum
6 Eigelb
4–6 EL brauner Zucker

Milch, Rahm, Kaffeepulver und Zucker zusammen aufkochen, vom Herd ziehen und 30 Minuten ziehen lassen.
Den Ofen auf 110 Grad vorheizen.
Den Rum und die Eigelbe zur Milch-Rahm-Mischung geben und diese in einer Schüssel über einem heißen Wasserbad zu einer cremigen, leicht dicklichen Konsistenz rühren. Durch ein feines Sieb passieren.
Die Kaffeecreme in tiefe Teller oder Portionenformen füllen und etwa 1 ½ Stunden im vorgeheizten Ofen garen. Herausnehmen und vollständig auskühlen lassen.
Die ausgekühlte Kaffeecreme gleichmäßig mit braunem Zucker bestreuen und mit einem Bunsenbrenner karamellisieren.

Affogato

Für 4–6 Portionen

Vanilleeis:
200 ml Milch
200 ml Rahm
100 g Zucker
Mark von 1 Vanilleschote
4 Eigelb

4–6 Tassen Espresso, frisch zubereitet

Für das Eis Milch, Rahm, Zucker und Vanillemark samt Schote mischen und aufkochen. Vom Herd nehmen und 10 Minuten ziehen lassen.
Die Eigelbe in eine Schüssel aufschlagen. Die Milch-Rahm-Mischung durch ein Sieb dazugießen, verrühren und über einem heißen Wasserbad zu einer dicklich-cremigen Konsistenz aufschlagen. Die Masse in der Eismaschine cremig-fest gefrieren lassen. Anschließend für etwa 1 Stunde in das Gefrierfach geben.
Je eine große Kugel Vanilleeis in eine Kaffeetasse geben, mit einem frisch zubereiteten Espresso übergießen und sofort servieren.

Kaffee-Granité auf Mascarponecreme

Für 4 Portionen

300 ml heißer, starker Kaffee
50 g Zucker
250 g Mascarpone
2 Päckchen Bourbon-Vanillezucker
100 ml Rahm, steif geschlagen

Den heißen Kaffee mit dem Zucker verrühren. In einen flachen Behälter gießen und etwa 4 Stunden in das Gefrierfach stellen. Gelegentlich mit einer Gabel den gefrorenen Kaffee vom Rand und vom Boden des Behälters kratzen.
In der Zwischenzeit den Mascarpone mit dem Vanillezucker glattrühren, den steif geschlagenen Rahm darunterheben. Die Creme in Gläser füllen und 1 Stunde kalt stellen.
Das Granité aus dem Gefrierfach nehmen und in die Gläser auf die Mascarponecreme verteilen. Sofort servieren.

Kaffee-Granité auf Mascarponecreme

Sandwiches, Canapés & Co.

Canapés mit Ei und Spargel

Für 8 Stück

16 feine grüne Spargelspitzen
4 Eier, hart gekocht
8 Scheiben Toastbrot, entrindet
150 g Mayonnaise
Meersalz, Pfeffer aus der Mühle

Die Spargelspitzen in kochendem Salzwasser bissfest blanchieren.
Die Eier schälen, halbieren, die Eigelbe herauslösen und fein hacken. Das Eiweiß ebenfalls fein hacken.
Die Toastbrotscheiben dick mit Mayonnaise bestreichen. Die eine Hälfte der Brotscheiben gleichmäßig mit gehacktem Eiweiß, die andere Hälfte mit gehacktem Eigelb bestreuen. Je 2 gekochte Spargelspitzen zwischen Eiweiß und Eigelb legen. Die Schnittchen mit Salz und Pfeffer würzen.

Canapés mit Meerrettich-Frischkäse und Rote-Bete-Tatar

Für 12 Stück

150 g Frischkäse
50 g Meerrettichpaste aus dem Glas
Salz, Zucker, Pfeffer aus der Mühle
1 kleine Knolle Rote Bete (Rande), gekocht, klein gewürfelt
1 kleiner Apfel, klein gewürfelt
2–3 EL Rapsöl
1 EL Rotweinessig
6 Scheiben Toastbrot, entrindet
Schnittlauch als Garnitur

Den Frischkäse mit der Meerrettichpaste verrühren und mit Salz abschmecken.
Die Rote-Bete- und die Apfelwürfel mit Rapsöl und Rotweinessig mischen und mit Salz, etwas Zucker und Pfeffer würzen.
Die Toastbrotscheiben halbieren und dick mit dem Meerrettich-Frischkäse bestreichen. Jeweils etwas Rote-Bete-Tatar darauf verteilen und mit Schnittlauch garnieren.

Canapés mit Paprika und Basilikumquark

Für 12 Stück

2 gelbe und 2 rote Paprikaschoten (Peperoni), halbiert, entkernt
6–8 EL Olivenöl
1 Bund Basilikum, gewaschen, getrocknet, Blätter abgezupft
Meersalz
120 g Magerquark
Cayennepfeffer
8 Scheiben Toastbrot

Den Ofen auf 150 Grad vorheizen.
Die Paprika auf ein Backblech geben, mit 2 bis 3 Esslöffeln Öl beträufeln und 30 Minuten im Ofen schmoren. Abkühlen lassen, häuten und getrennt fein hacken.
Die Basilikumblätter mit Meersalz und 2 Esslöffeln Olivenöl im Mörser fein zerstampfen. Mit dem Quark verrühren, mit Cayennepfeffer würzen und in einen Spritzbeutel mit kleiner Lochtülle füllen.
Aus den Brotscheiben mit einem runden Ausstecher von etwa 4 cm Durchmesser insgesamt 12 Kreise ausstechen. Diese in einer heißen Pfanne im restlichen Olivenöl von beiden Seiten goldbraun und knusprig ausbacken. Auf Küchenpapier abtropfen lassen.
Auf die eine Hälfte der gebackenen Brotscheiben die roten gehackten Paprika verteilen, auf die andere Hälfte die gelben. Den Basilikumquark in kleinen Tupfen darauf spritzen.

Canapés mit Karotten und Orangen-Estragon-Creme

Für 12 Stück

3 saftige Orangen, abgeriebene Schale und Saft
4 junge zarte Karotten, geschält, schräg in dünne Scheiben geschnitten
2 Zweige Estragon, Blätter fein gehackt
4 EL Crème fraîche
Salz, Cayennepfeffer
6 Scheiben Toastbrot
12 frische oder Tiefkühlerbsen, kurz abgekocht

Orangensaft und -schale in einen Topf geben und sirupartig einkochen. Abkühlen lassen.
In der Zwischenzeit die Karotten in kochendem Salzwasser etwa 1 Minute garen. Dann in kaltem Wasser abschrecken.
Den Estragon mit dem Orangensirup und der Crème fraîche verrühren, mit Salz und Cayennepfeffer würzen.
Aus den Brotscheiben mit einem runden Ausstecher von etwa 4 cm Durchmesser insgesamt 12 Kreise ausstechen. Diese mit der Crème-fraîche-Mischung bestreichen. Die Karottenscheiben rosettenartig darauflegen und in der Mitte jeweils eine Erbse platzieren.

Laugenkipfel mit Avocado und Räucherlachs

Für 6 Portionen

450 g Croissantteig oder ersatzweise Blätterteig
1 TL Natron
2–3 EL Sesam
100 g Frischkäse
½ Bund Dill, fein gehackt
Saft von 1 Zitrone
1 reife Avocado
1 Romanasalat, geputzt, in Blätter zerteilt
150 g Räucherlachs, in Scheiben
Pfeffer aus der Mühle

Den Ofen auf 220 Grad vorheizen.
Den Croissantteig in spitz zulaufende Dreiecke schneiden, diese zu Kipfeln aufrollen und nebeneinander auf ein mit Backpapier belegtes Blech legen. Das Natron mit 2 bis 3 Esslöffeln Wasser verrühren, die Kipfel damit bestreichen und mit Sesam bestreuen. Im Ofen etwa 12 Minuten goldbraun backen.
Den Frischkäse mit dem Dill und dem Zitronensaft verrühren.
Die Avocado schälen, halbieren, den Stein entfernen und das Fruchtfleisch in dünne Scheiben schneiden.
Die Kipfel aufschneiden. Auf die unteren Hälften etwas Frischkäse streichen, die Salatblätter darauf verteilen und abwechselnd mit Avocado- und Lachsscheiben belegen, leicht pfeffern. Mit den oberen Kipfelhälften zudecken.

Gurkensandwiches

Für 4 Portionen

150 g Magerquark
½ Bund Dill, fein gehackt
1 Karton Gartenkresse, abgebraust
1 TL Senf
1 TL geriebener Meerrettich
1 TL Honig
Salz, Cayennepfeffer
8 Scheiben Toastbrot, entrindet
1 Salatgurke, gewaschen, in dünne Scheiben geschnitten oder gehobelt
4 Kopfsalatblätter, gewaschen, in Streifen geschnitten
Kresse zum Bestreuen

Den Quark mit Dill, Kresse, Senf, Meerrettich und Honig verrühren. Mit Salz und Cayennepfeffer würzen.
Die Hälfte der Toastbrotscheiben mit der Quarkcreme bestreichen. Die Gurkenscheiben dachziegelartig darauflegen, die Salatstreifen darauf verteilen und mit den restlichen Brotscheiben bedecken. Die Sandwiches jeweils in 2 bis 3 Streifen schneiden, mit Holzspießchen fixieren und mit Kresse bestreut servieren.

Laugenkipfel mit Avocado und Räucherlachs

Gebackene Schinken-Käse-Röllchen

Für 8 Stück

6 Scheiben gekochter Schinken, in Streifen geschnitten
6 Scheiben Emmentaler Käse, in Streifen geschnitten
8 Scheiben Toastbrot
4 EL Butterschmalz

Die Toastbrotscheiben mit dem Teigroller möglichst dünn walzen. Auf jede Brotscheibe einige Schinken- und Käsestreifen legen und die Brotscheiben straff aufrollen. Das Butterschmalz in einer großen Pfanne erhitzen, die Röllchen nebeneinander hineinlegen und darin rundherum goldbraun und knusprig ausbacken. Die Schinken-Käse-Röllchen auf Küchenpapier abtropfen lassen und am besten warm servieren.

Gegrilltes Spargelsandwich

Für 4 Portionen

20–24 feine grüne Spargelstangen, geputzt, in etwa 8 cm lange Stücke geschnitten
150 g Frischkäse
30 g Parmesan, frisch gerieben
Salz, Pfeffer aus der Mühle
8 Scheiben Toastbrot
3–4 EL Olivenöl

Den Spargel etwa 2 Minuten in kochendem Salzwasser garen. Anschließend in kaltem Wasser abschrecken.
Den Frischkäse mit dem Parmesan verrühren, mit Salz und Pfeffer würzen.
Die Hälfte der Toastbrotscheiben mit der Frischkäse-Parmesan-Mischung bestreichen. Darauf jeweils 5 bis 6 Spargelstangen nebeneinanderlegen und mit einer zweiten Toastbrotscheibe bedecken.
Die Sandwiches in einer heißen Grillpfanne mit etwas Öl von beiden Seiten grillen.
Auf Küchenpapier etwas abtropfen lassen, diagonal halbieren und warm servieren.

Rezeptverzeichnis